Pour Anne

Dans la même collection

Le plaisir des mots
Le livre de tous les pays
1 Le livre des fleurs
2 Le livre de la tour Eiffel
3 Le livre de la peinture et des peintres
4 Le livre des découvertes et des inventions
5 Le livre de l'hiver
6 Le livre de l'automne
7 Le livre du printemps
8 Le livre de l'été
9 Le livre des marins
10 Le livre de mon chat
11 Le livre de la montagne
12 Le livre du ciel
13 Le livre de tous mes amis
14 Le livre de tous les jours
15 Le livre du cheval
16 Le livre des chansons
18 Le livre des premiers hommes
21 Le livre des arbres
22 Le livre des oiseaux

ISBN: 2-07-039523-5
© Éditions Gallimard, 1985
1er dépôt légal: Mars 1985
Dépôt légal: Janvier 1986
Numéro d'édition: 37170
Imprimé par la Editoriale Libraria en Italie

LE LIVRE DES BORDS DE MER

COLLECTION DECOUVERTE CADET

Patrick Geistdoerfer
Illustrations
Nicole Baron

Dorothée Duntze
Marie Mallard
Sylvaine Pérols
Christian Rivière
Dominique Thibault
Nathaële Vogel
Pierre Weitzel

GALLIMARD

Sur les rivages de mondes sans fin des enfants s'assemblent. Le ciel infini s'étend immobile sur leur tête, mais les flots toujours mouvants sont houleux. Les enfants s'assemblent sur les rivages de mondes sans fin, avec des cris, avec des danses.

Ils se construisent des maisons de sable, ils jouent avec des coquillages vides. Quelques feuilles flétries sont pour eux des bateaux, qu'avec un sourire ils regardent flotter sur l'immensité profonde. Des enfants s'ébattent sur les rivages de mondes sans fin.

Ils ne savent pas nager, ils ne savent pas jeter des filets. Pour les perles plongent les pêcheurs de nacre, sur leurs vaisseaux naviguent les marchands, tandis que les enfants ramassent des galets et les jettent aussitôt. Ils ne recherchent pas des trésors cachés ils ne savent pas jeter des filets.

La mer monte avec des éclats de rire et, pâle, chatoie le sourire de la plage. Des vagues meurtrières chantent aux enfants des ballades vides de sens, comme celles qu'une mère chante en berçant son bébé. La mer joue avec les enfants et, pâle, chatoie le sourire de la plage.

Rabindranath Tagore

Ce livre appartient à..................................

Le littoral

— *Monsieur quels sont ces cris quelque part on dirait on dirait que l'on rit on dirait que l'on pleure on dirait que l'on souffre ?*

— *Monsieur ce sont les dents les dents de l'océan qui mordent les rochers sans avoir soif ni faim et sans férocité*

Jean Tardieu

Le littoral varie selon le contour de ses côtes, les animaux et les végétaux qui y vivent et les différentes activités de ses habitants. La pêche a fourni à l'homme de quoi se nourrir et la navigation lui a donné d'exceptionnelles possibilités d'échange et d'ouverture vers le monde entier.

C'est la mer qui modèle le rivage par les attaques continuelles des vagues et des marées, modifiant en permanence son aspect. Si la côte est formée de roches tendres, la mer la creuse et la terre recule peu à peu jusqu'à ce que la mer ne l'atteigne plus.

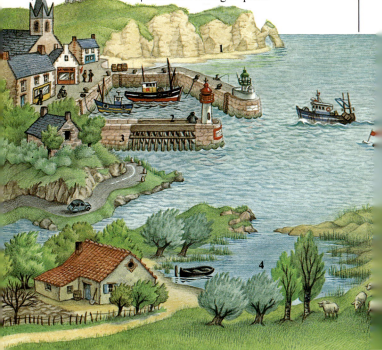

Mouvement des navires
Mouvement des marées

Jacques Prévert

Ailleurs, des matériaux arrachés à la terre, galets, graviers, sable par exemple, se déposent et forment des plages.

Dans la partie basse des fleuves, à leur embouchure, se mélangent les eaux douces et les eaux salées de la mer : ce sont les estuaires.

Ils peuvent être très larges et très longs, la mer remontant à l'intérieur des terres (comme dans l'estuaire de la Seine), étroits et profondément entaillés dans la côte rocheuse (comme les rias bretons) ou largement ouverts sur le large, (comme les abers du Finistère).

1/Falaise
2/Port
3/Jetée
4/Crique
5/Estuaire
6/Fleuve
7/Plage
8/Dune
9/Anse
10/Récif
11/Ile

Le relief des côtes

*Ils ne le sauront pas
les rocs,
Qu'on parle d'eux.*

*Et toujours ils
n'auront pour
tenir
Que grandeur.*

*Et que l'oubli
de la marée
Des soleils rouges.*

Guillevic

Le littoral c'est l'étendue de terre qui borde la mer, mais c'est aussi l'ensemble des fonds marins et des eaux qui bordent la terre. Là où commence la mer et où finit la terre, c'est la côte, la ligne de côte s'appelant rivage.

La côte n'a pas partout le même aspect. En Normandie, autour de Fécamp, en Bretagne au cap Frehel et autour de Brest, ou sur la côte

Mulet

Les mulets, ou muges, vivent en bancs, le long du littoral ou pénètrent dans les ports et les eaux dessalées des lagunes et des estuaires.

Côte vaseuse

d'Azur, la mer est bordée par de grandes murailles rocheuses, verticales, de plusieurs dizaines de mètres de hauteur ; ce sont des falaises. Ailleurs la côte est basse. Parfois la côte est rectiligne comme en Belgique, dans les Landes ou le long du golfe du Lion, parfois elle est déchiquetée.

10

Là où la terre se prolonge dans la mer c'est une pointe ou un cap, là où la mer semble pénétrer profondément dans la terre, c'est une anse ou une baie.

Sur les côtes des Flandres ou des Landes se dressent des collines de

Côte rocheuse

Etrille

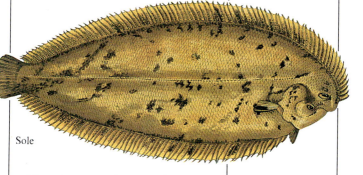

Sole

sable qui peuvent être envahies par les herbes et les fleurs, plantées de pins ou dénudées ; ce sont des dunes.

Sur certaines côtes basses, comme en Hollande, ce sont les hommes eux-mêmes qui ont gagné du terrain sur la mer ; ces terrains gagnés sur la mer sont les polders.

La sole est un poisson plat dont le corps est dissymétrique. Posée sur le fond, elle vit couchée sur un flanc incolore et aveugle. L'autre flanc, coloré, porte les deux yeux.

Côte sableuse

11

Les marées

*Les marées reviennent
   chaque jour
(...)
ainsi va le monde
   et la lune en
tourniquant
ainsi va la mer
   seule et une
montant et baissant*
   Raymond Queneau

Marée de vives-eaux

Il est indispensable de connaître les heures de hautes et de basses mers ainsi que les hauteurs d'eau, pour naviguer dans une zone donnée ; elles se calculent à l'avance et sont fournies par l'horaire des marées.

Deux fois par jour, sur les côtes de l'océan Atlantique et de la Manche, la mer recouvre plages et rochers, deux fois par jour, elle les découvre. C'est le phénomène de la marée qui résulte de l'attraction qu'exercent la lune tournant autour de la terre et le soleil autour duquel tourne la terre. L'énorme masse d'eau qui recouvre la planète est fortement attirée par la lune (très proche : 385 000 kilomètres), plus faiblement par le soleil (distant de 150 millions de kilomètres).

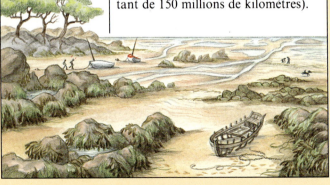

C'est la mer — calme plat — et la grande marée
Avec un grondement lointain s'est retirée...
Le flot va revenir se roulant dans son bruit,
Entendez-vous gratter les crabes de la nuit ?
                                            Tristan Corbière

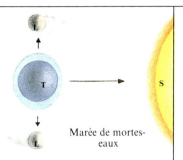

Marée de mortes-eaux

A la nouvelle lune et à la pleine lune, les attractions des deux astres s'exercent dans le même sens, c'est une grande marée ou marée de vives-eaux. Au premier et au dernier quartier, leurs attractions s'exercent dans des sens différents et se contrarient, ce sont les marées de mortes-eaux. Sur nos côtes, marées de vives-eaux et de mortes-eaux alternent tous les quinze jours environ. Le phénomène de la marée n'est pas le même dans toutes les régions du monde.

Il y a 2 hautes mers et 2 basses mers par jour lunaire, (24 heures 50 minutes), durée de la rotation de la lune autour de la terre, ce qui entraîne un retard de 50 minutes d'un jour sur l'autre.

La chaîne alimentaire

Plancton végétal
Plancton animal

1/Diatomées
2/Radiolaire
3/Œuf de poisson
4/Méduse
5/Larve d'huître
6/Larve d'oursin
7/Larve de méduse
8/Larve d'étoile de mer

« Papillon de mer ». Long de 4 à 5 cm, il se nourrit de plancton.

On voit dans la mer que la multiplication extravagante des bêtes qui y pullulent est heureusement compensée par la destruction qu'elles font les unes des autres. Il y existe une hiérarchie de dévorants ; et un équilibre statistique s'y rétablit sans cesse entre espèces mangeantes et espèces mangées.

Paul Valéry

Dans les couches superficielles de la mer, le plancton végétal utilise l'énergie solaire pour fabriquer la matière vivante à partir de la matière inerte. C'est le point de départ de toute vie dans les eaux marines.

Les petits animaux du plancton animal (crevettes, méduses, larves) se nourrissent du plancton végétal. Herbivores, ils seront victimes d'animaux carnivores. Les animaux du fond ou de la pleine eau (sardines ou maquereaux) mangent le plancton avant d'être eux-mêmes mangés par les gros carnassiers (le thon par exemple). Certains poissons comme la morue, capturent à la fois plancton et petits poissons.

Les animaux morts sont dépecés par d'autres animaux comme le crabe ou détruits par les bactéries marines qui les retransforment en substances minérales, accomplissant le travail inverse de celui des plantes. Les matières minérales ainsi remises en circulation dans l'eau, pourront à nouveau être utilisées par les plantes au cours de la photosynthèse.

La pêche à pied sur le rivage

Les ressources de la mer ne sont pas inépuisables. Limiter sa pêche à ses besoins et replacer pierres et galets dans leur position première permet de ne pas appauvrir la faune du littoral.

C'est au moment où les grandes marées découvrent de vastes étendues que la pêche à pied est la plus praticable.

Si les coques se repèrent aisément aux deux petits trous qu'elles laissent sur le sable, il faut un râteau pour découvrir les praires dans le sable et les palourdes dans le sable vaseux.

Les couteaux sont eux à une trentaine de centimètres de profondeur. Leur pêche est amusante : on enfonce dans le petit trou qui marque leur présence dans le sable, une mince tige de métal sur laquelle les valves de la coquille se referment, et qu'il suffit de tirer pour entraîner le couteau avec elle. On peut aussi y verser de l'eau très salée : l'animal croyant au retour de la mer, remonte à la surface.

Les berniques, les moules et, aux grandes marées, les ormeaux, peuvent se ramasser sur les rochers. Quant aux crabes, étrilles (rapides et difficiles à saisir) ou crabes enragés, ils s'attrapent à marée basse sous les algues et les rochers.

1/Couteau
2/Buccin
3/Lutraire
4/Coque
5/Nereis
6/Crevette
7/Ver arénicole

*On finira par s'approcher
De la nacre des coquillages.*

*Mais avec eux vivants,
Avec eux sous les eaux.*

*Avec eux,
Dans leurs chambres. La nacre
A sûrement à dire*

*Depuis tout ce temps
Qu'elle écrit*

*Les aventures de la mer
Et d'un solide qui la nie.*

Guillevic

Enfouis dans le sédiment, les animaux vivent dans les galeries qu'ils creusent et qui les relient à la surface.

Les invertébrés du sable

Les invertébrés sont dépourvus de squelette osseux interne. Ils comptent une multitude d'espèces, des plus simples aux plus complexes. La plupart ont des larves de très petites tailles qui font partie du plancton au début de leur vie, puis descendent vers le fond.

Coques

Ormeau

Praire

Les mollusques ou « coquillages » sont des animaux complexes et évolués. Leur corps mou est recouvert par une coquille de calcaire dur.

Ver annelé

Chez les mollusques bivalves, la coquille est formée de deux valves articulées et réunies par un muscle ; elles peuvent se refermer totalement.

Très nombreux et très variés dans les sédiments de nos grèves, les bivalves s'enterrent à quelques centimètres de profondeur. Ils possèdent des siphons qui s'ouvrent à la surface du sable ou de la vase. Ce sont notamment les *coques* aux fortes stries rayonnantes (dans le sable, la vase, le gravier, les estuaires), les *praires* dont les stries sont concentriques (dans le sable et le gravier à très basse mer), et les *palourdes* à la coquille plus ou

Palourde

Couteau

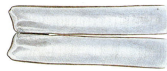

Dans sa coquille vivant le mollusque ne parlait pas facilement à l'homme mort il raconte maintenant toute la mer à l'oreille de l'enfant qui s'en étonne qui s'en étonne
  Raymond Queneau

moins ovale. Les *couteaux*, dont la coquille rectangulaire est droite ou légèrement arquée, peuvent atteindre une quinzaine de centimètres de longueur (dans le sable ou la vase).

Les *vers annelés*, longs de trois à dix ou vingt centimètres, sont voisins de nos vers de terre et creusent des galeries. Leurs anneaux sont couverts de soies plus ou moins longues et plus ou moins nombreuses.

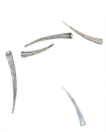

Dentales

Les invertébrés des rochers

Dans la zone des marées, les invertébrés fixés sont, comme les algues, distribués selon la durée d'émersion qu'ils subissent quand la mer se retire.

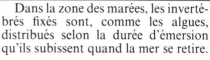

Balanes sur différents supports

Moule

Anatifes

Tous les crustacés
Qui ont tant de noms

Et bien plus encore
De couleurs, de formes

Ils ne savent pas
Qu'il y a la mer.
Guillevic

Les rochers sont souvent recouverts de tous petits animaux blancs, d'un centimètre de haut ou moins. En les regardant attentivement on voit qu'il s'agit de pyramides irrégulières constituées de six plaques soudées, au sommet desquelles se trouve un petit cratère fermé par quatre plaques qui s'écartent à marée haute : les *balanes*, qui sont des crustacés fixés. Voisins des *balanes*, les *pousse-pied*, habitants des rochers et les *anatifes*, fixés sur les objets flottants, possèdent un pied ou pédoncule musculeux ; seuls les pousse-pied sont comestibles.

Ces rocs, vous les voyez couverts comme d'une couche d'aspérités grises, mais ce sont des êtres animés, c'est tout un monde établi là, qui, au reflux, laissé à sec, se clôt et s'enferme.

Jules Michelet

Berniques

Les gastéropodes, mollusques dont la coquille en spirale est semblable à celle de l'escargot, sont abondants sur les rochers et les algues. Tous ont une tête avec des tentacules, des yeux, une bouche pouvant rentrer dans la coquille,

Troques

et un pied sur lequel ils rampent.

Les plus connus sont les petites *littorines* (moins d'un centimètre), jaunes ou brunes, le *bigorneau*, la *troque*, le *buccin* (ou *bulot*) qui peut atteindre une dizaine de centimètres de haut sur nos côtes. La *patelle* ou *bernique*, malgré sa coquille en forme de chapeau chinois, est aussi un gastéropode ; elle est très commune dans toute la zone des marées et résiste bien à l'assèchement ; quand la mer la recouvre, elle se déplace, broutant les algues, puis regagne son emplacement à marée basse. L'*ormeau*, aplati, atteint une quinzaine de centimètres et vit sous les rochers dans la partie inférieure de la zone des marées.

Anatifes

Buccins

Littorines

La plongée

*J'aurais voulu
   montrer aux
enfants
   ces dorades
Du flot bleu,
   ces poissons d'or,
   ces poissons
chantants.*
   Arthur Rimbaud

Mollusques
1/Berniques
2/Nacres

Végétaux
3/Ulves
4/Acétabulaires
5/Padine paon
6/Herbier de posidonies

Au cours des siècles, l'imagination des hommes a inventé les procédés les plus divers, les plus bizarres aussi, pour respirer sous l'eau. Au début du siècle, les lourds scaphandres aux semelles de plomb et au casque rond avec des hublots, reliés à la surface par un tube d'arrivée d'air, permettent de marcher sur le fond de la mer à de petites profondeurs et d'y travailler, mais le scaphandrier est dépendant, peu mobile, et il ne peut descendre profondément.

Il y a quelques dizaines d'années, furent inventés les scaphandres autonomes et le pesant scaphandrier fait place à « l'homme-grenouille » qui,

muni de bouteilles d'air comprimé, d'un simple masque et de palmes, se déplace en nageant librement et rapidement sous l'eau et descend à plusieurs dizaines de mètres. L'usage de ces scaphandres autonomes est interdit pour la chasse sous-marine. En utilisant à la place de l'air, des mélanges de gaz, l'homme peut atteindre de plus grandes profondeurs.

Les enfants peuvent, eux aussi, simplement équipés d'un masque, d'un tube et de palmes, plonger à quelques mètres pour découvrir la richesse de la vie sous-marine. Mais il est indispensable qu'un adulte soit près d'eux, vagues et courants sont dangereux.

7/Codium en boule
8/Corallines

Poissons
9/Saupes
10/Rouget barbet
11/Crénilabres
12/Castagnole
13/Murène
14/Girelle
15/Sargue
16/Souclet
17/Blennie

Invertébrés
18/Ophiure brune
19/Holothurie noire
20/Oursins pierre
21/Poulpe
22/Actinie rouge (anémone de mer)
23/Voile de Neptune
24/Eponge

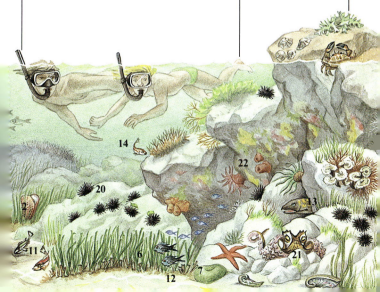

Les poissons des plages et des mares

Blennie

Les poissons sont présents partout, depuis le littoral jusqu'aux plus grandes profondeurs marines. Quand la mer se retire, nombreux sont ceux qui restent dans les mares, entre les rochers, sous les algues et même sur le

Gobies

sable. Ils sont adaptés à de fortes variations de la température et de la salinité qui augmente, dans les mares,

Motelle

Lançons

Syngnathe

avec l'évaporation de l'eau de mer chauffée par le soleil. Certains vivent tapis sous les roches et les algues, comme les *gobies* et les *blennies*. Il y a aussi les *chabots* dont la tête large est en partie cuirassée de plaques osseuses et couvertes de crêtes et d'épines.

Du jeu d'échecs
trempé dans l'eau
ni roi ni reine
   ne surnagent
tours fous et pions
   dans ce
naufrage
vont joindre les dépôts
   marins
seuls les chevaux
   racés et fins

Chabot

Tous ces poissons ne dépassent guère 20 centimètres de long, piquent la main qui les saisit, et se nourrissent de petits mollusques, de crustacés ou de vers. Ils pondent leurs œufs sous les pierres et les gardent jusqu'à leur éclosion.

Les *motelles,* de plus grande taille (30 à 40 centimètres) ont 2 ou 4 barbillons sur le museau et un sous le menton ; elles nagent rapidement et sont difficiles à saisir.

Sur les fonds de sable, dans les herbiers, se tiennent les *syngnathes* et les *hippocampes* dont la queue s'enroule autour des herbes marines et dont la tête ressemble à celle d'un cheval.

se déplacent
   en toute aisance
dans le neuf élément
   hydrin
adaptant
   avec élégance
le bois tourné
   au sel marin.
Queneau

Hippocampe

Animaux venimeux, vénéneux et électriques

Méduse

La vive : *ceux qui en sont piqués sentent une grande douleur à la partie, avec une inflammation d'icelle, fièvre, défaillance de cœur, gangrène et mortification et par conséquent la mort, si promptement qu'on n'y remédie.*

Ambroise Paré

Les accidents dus aux animaux marins dangereux pour l'homme sont fréquents dans les mers chaudes mais ne sont pas absents de notre littoral (attaques directes de requins, piqûres, morsures, décharges électriques et intoxications alimentaires).

Les animaux venimeux

Un animal venimeux sécrète un poison, le venin, qu'il peut injecter à l'homme ou à l'animal, par morsure ou par piqûre.

Deux espèces de *vives*, jaunes rayées et tachetées de brun, s'enfouissent dans le sable, ne laissant apparaître que l'épine dorsale et le sommet de la tête. Cette épine venimeuse blesse et empoisonne celui qui pose malencontreusement le pied sur elle. Sont également dangereuses les piqûres des raies à aiguillon, les épines des nageoires de la *rascasse* et les morsures de la *murène*.

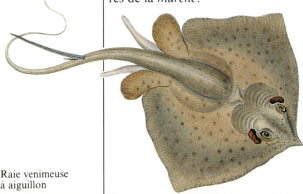

Raie venimeuse à aiguillon

Vive

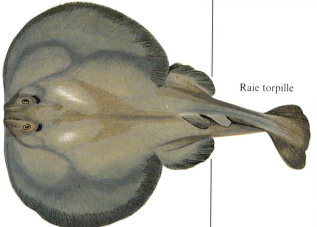
Raie torpille

Les *anémones de mer* et les *méduses* qui abondent le long des côtes, ont les tentacules couverts d'une multitude de petits organes qui peuvent provoquer de violentes « brûlures ».

Les *physalies,* masses roses et bleues, pleines d'air, dont s'échappe une longue chevelure de tentacules bleus, sont redoutables.

Les animaux vénéneux

Certains mollusques et des poissons habitant les récifs de coraux, contiennent un poison pour l'homme qui les mange.

Les animaux « électriques »

Les raies torpilles peuvent produire de véritables décharges électriques bien que sans danger réel, grâce à un muscle spécial situé à la base de la tête.

J'ai vu les murènes. Chacune est seule dans sa cage. Elles sont féroces. Elles mangent de la viande. Au temps où les peuples avaient un empereur, elles mangeaient des esclaves, disent les journalistes. Elles diffèrent beaucoup des autres poissons, et ce qui les exalte ainsi, c'est la férocité.

Raymond Queneau

Les raies pondent des œufs rectangulaires

Parasites et associés

*On m'a offert
un coquillage.*

*Il y chante
une mer de mappe-
monde
et l'eau emplit mon
cœur
avec ses petits poissons
d'ombre et d'argent.*

*On m'a offert
un coquillage.*

Federico
Garcia Lorca

Lamproie

La lamproie

La *lamproie* ressemble à une *anguille* mais n'est pas un poisson car elle n'a pas de mâchoire. Sa bouche, armée de nombreuses dents, agit comme une ventouse et lui permet de se fixer sur le corps d'un poisson dont elle suce le sang pour se nourrir.

La sacculine

Sur l'abdomen du *crabe,* à l'emplacement où la femelle porte normalement ses œufs, on voit parfois un sac mou, de couleur jaune ou brune. C'est la partie visible d'un autre crustacé, la *sacculine*.

Sa larve se fixe sur le *crabe* au moment de la mue, puis se métamorphose en filaments qui rayonnent à l'intérieur du corps de l'hôte et y puisent la nourriture ; le sac externe, visible, contient les œufs de la *sacculine* tandis que le *crabe* ne peut plus se reproduire.

Sacculine

La sacculine
est un animal dit parasite parce qu'il vit aux dépens d'un autre jusqu'à entraîner sa disparition

28

Le bernard-l'hermite

Les *bernard-l'hermite* vivent souvent associés à d'autres animaux marins ; ces associations regroupent toujours les mêmes espèces. Une ou plusieurs *actinies* (ou *anémones de mer*) se fixent sur la coquille habitée par le crustacé qu'elles protègent d'ennemis éventuels par leurs tentacules urticants ; en retour, elles bénéficient de ses débris alimentaires et de ses déplacements.

Cette association peut être constante, les deux animaux ne sachant vivre séparément, ou facultative, les deux espèces pouvant se trouver l'une sans l'autre. Quand le crustacé change de logement, avec ses pinces, il transporte l'*actinie* de son ancienne coquille à la nouvelle.

Le **bernard-l'hermite**, ou pagure, crustacé dont l'abdomen mou est dépourvu de carapace, recherche les coquilles vides de gastéropodes pour s'y abriter.

Coupe du bernard-l'hermite

La petite pêche côtière

Infatigable, la voile gonflée, traînant par le flanc un grand filet qui racle le fond de l'océan...
  Guy de Maupassant

Pour pêcher, les hommes ont mis au point une très grande variété d'engins qui diffèrent d'une région à l'autre et selon le mode de vie de l'animal que l'on veut capturer.

Ces engins sont de deux principaux types : les uns dits fixes, les autres dits traînants.

Les engins fixes

Les filets sont disposés verticalement, à la façon d'une muraille de treillis. Le *crabe* s'y emmêle les pattes ; le *poisson* se prend la tête dans les mailles ; quand il veut revenir en

> Le poisson : *Mobile à ce point, il est en même temps au plus haut degré robuste et vivace. Partout où on voit de l'eau, on est sûr de le trouver, c'est l'être universel du globe.*
>
> Jules Michelet

arrière, ses opercules s'écartent le laissant coincé par les ouïes.

Il y a aussi de longues lignes, les palangres, faites d'un filin sur lequel sont fixés de nombreux hameçons boëttés (la boëtte étant l'appât), sur lesquels les poissons, comme les *congres* ou les *raies*, viennent se prendre.

D'autres engins, posés par le pêcheur sur le fond ou en pleine eau, comme les casiers ou nasses, sont utilisés pour capturer les crustacés *(crevettes, crabes, homards* ou *langoustes)* et différentes espèces de poissons.

1,2/Sennes	
3, 4, 5/Casiers	
6/Palissade	
7/Filets	
8/Nasses	
9/Grand haveneau	
10/Drague à coquillages	
11/Carrelet	
12/Foêne	

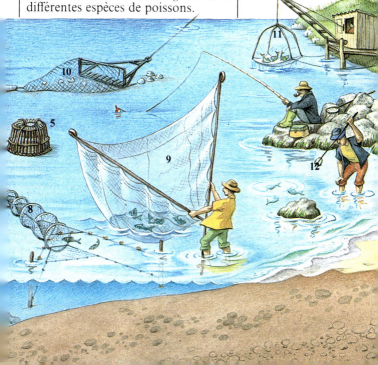

Au laboureur les champs, au chasseur les bois, au pêcheur la mer et ses flots, et ses récifs et ses orages...

Félicité Lamennais

Homard

On place dans le casier, un appât, en général des débris de poisson, dont l'odeur attire l'animal qui entre dans le piège et n'en peut ressortir.

Engins traînants

Les engins dits traînants sont remorqués par un navire de pêche. Ce sont essentiellement, les chaluts, les dragues et les lignes.

Pour capturer les animaux peu mobiles qui vivent sur le fond, comme *les coquilles Saint-Jacques,* ou qui sont enfouis dans le sable, comme *les praires,* on utilise des dragues ; ce sont des poches de filet ou de métal dont

Sternes

l'ouverture est maintenue par un cadre métallique. Les dragues raclent le fond et peuvent s'enfoncer dans le sable.

> *Il est seul sur la plage,*
> *Seul avec son filet,*
> *Seul avec son sillage,*
> *Seul comme chacun l'est.*
> Maurice Carême

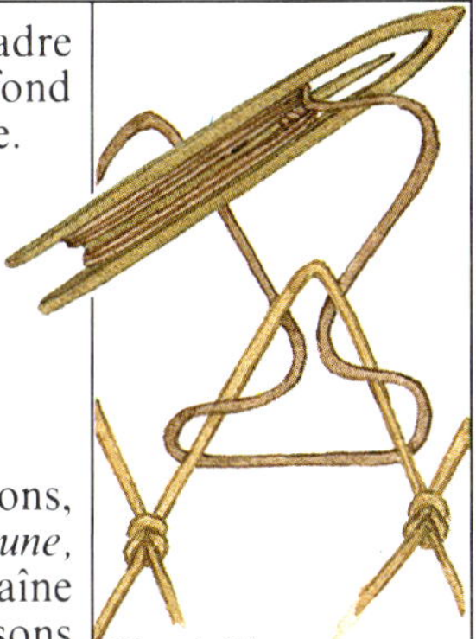

Pour pêcher certains poissons, comme *le maquereau* ou *le lieu jaune*, on se sert de lignes que le bateau traîne derrière lui. Dans ce cas, les poissons attirés par l'appât ou le leurre, viennent mordre aux hameçons.

Nœud d'écoute permettant de ramender un filet.

La pêche à la ligne

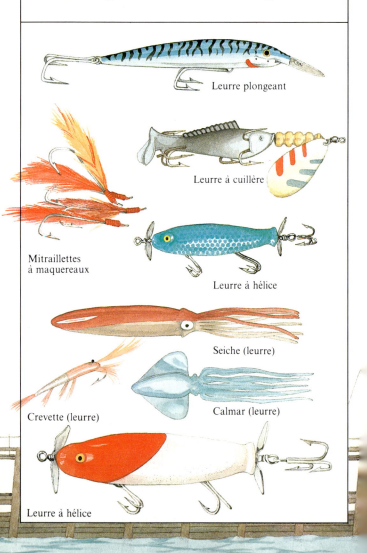

Les premiers hommes pêchaient à la ligne et pour cela, utilisaient des hameçons de pierre, d'os ou de bois. Aujourd'hui, les lignes sont très perfectionnées. Les hameçons métalliques offrent une très grande variété de formes et de tailles, chacune adaptée à l'espèce que l'on veut capturer.

L'appât est fixé à l'hameçon. Cela peut-être un animal : poisson, ver, coquillage. Ce peut être également un leurre de plastique, de métal, ou même une plume. Tous, dans l'eau, ressemblent aux proies dont se nourrissent les poissons.

Pour capturer les seiches et les calmars, on utilise une turlutte, petite pièce de bois entourée d'une couronne de crochets métalliques.

Ligne traînante repliée comportant des *mitraillettes,* une *cuillère* et des *leurres* représentant des poulpes.

Les poissons des côtes

Murène

*J'aime les
transparences
Vues de tout près
Sur les rochers
Entre l'écume qui danse
Blanche
La mer apaisée
Et les algues
Doucement balancées
Fleurs d'eau
Au soleil offertes.*

*La mer qui se glisse
Et caresse le sable
Se défait
En taches verdâtres,
Étirées, cernées,
Déformées
Où serpentent
Des herbes brunes
Et jouent
Des galets bleutés.*

Gaïck Conan

Le long de la côte, là où la mer ne se retire jamais, vivent de nombreuses espèces de poissons différents de ceux des mares et des plages. Ce sont ceux que l'on pêche à la ligne de l'extrémité d'une jetée ou d'une pointe rocheuse, ceux que capturent les pêcheurs qui sortent avec leurs barques, ceux que l'on peut voir lorsqu'on fait de la plongée sous-marine.

Vieille

Le bar

Là où la mer se brise sur les rochers, ou dans les vagues qui roulent sur les plages de sable, vivent les *bars*, magnifiques poissons recouverts de grandes

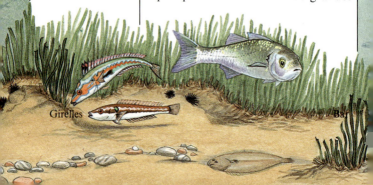

Girelles

Bar

*Les poissons ont de si jolies têtes
Qu'on est obligé de les déplacer fréquemment
A cause des ravages qu'ils font dans le
   cœur des méduses.*
                                      Raymond Queneau

Tacaud

écailles très brillantes, dont la couleur varie du bleu au gris vert. Ils peuvent atteindre un mètre de long et peser dix kilos. Ils se nourrissent de poissons plus petits qu'eux qu'ils chassent activement.

La vieille

D'autres, comme les *vieilles*, communes sur les côtes de l'océan Atlantique, sont longues d'une trentaine de centimètres au plus. Bigarrées, vertes ou rouge orangé, couvertes de nombreuses petites taches blanches, elles ne s'éloignent pas de la côte. Le mâle et la femelle construisent un nid de débris d'algues et de coquilles, où les œufs sont déposés jusqu'à leur éclosion. Les *vieilles* mangent de petits animaux, mollusques et crustacés dont elles broient les coquilles et les carapaces avec leurs puissantes mâchoires.

La girelle

Chez les *girelles*, mâles et femelles sont de couleurs différentes.

Le **tacaud** a un corps oblong en forme de losange. Il vit près des côtes et, très vorace, se nourrit de petits poissons, de crustacés et de calmars. Le plus fréquemment, il est pêché à la ligne.

1/Bureau du port
2/Criée
3/Magasins des mareyeurs
4/Port de pêche
5/Port de plaisance
6/Quai de chargement
7/Entrée du port
8/Jetée
9/Plage

Un grand port de pêche n'est pas seulement le point de départ ou d'arrivée des navires. Il a de nombreuses fonctions dont les plus importantes sont de fournir aux marins, des vivres, du carburant et les moyens nécessaires à la réparation des navires et des équipements mécaniques et électroniques.

Proche des zones de pêche, le port doit avoir, en outre, de bonnes liaisons par rail et par route, avec l'arrière-pays, afin que les produits de la pêche soient rapidement transportés vers les marchés de l'intérieur.

Le port de pêche

    Le port
Pas un bruit de machine pas un sifflet pas une sirène
Rien ne bouge on ne voit pas un homme
Aucune fumée monte aucun panache de vapeur
Insolation de tout un port
Il n'y a que le soleil cruel et la chaleur qui tombe du ciel et
    qui monte de l'eau la chaleur éblouissante
Rien ne bouge
Pourtant il y a là une ville de l'activité une industrie
Vingt-cinq cargos appartenant à dix nations sont à quai et
    chargent du café
Deux cents grues travaillent silencieusement
(A la lorgnette on distingue les sacs de café qui voyagent sur
    les tapis-roulants et les monte-charge continus
La ville est cachée derrière les hangars plats et les grands
    dépôts rectilignes en tôle ondulée)

Blaise Cendrars

Le chalutier

Plus de la moitié des espèces marines pêchées dans le monde sont capturées par des chaluts. Les *langoustines* et de nombreuses espèces de poissons dont la *morue*, l'*églefin* et le *hareng*, sont pêchés ainsi.

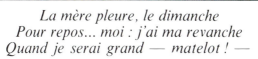

> *La mère pleure, le dimanche*
> *Pour repos... moi : j'ai ma revanche*
> *Quand je serai grand — matelot ! —*
>
> Tristan Corbière

Le chalut est la technique de pêche la plus utilisée : une grande poche de filet est traînée sur le fond, ou entre deux eaux. Les chaluts utilisés pour la pêche côtière ont quelques dizaines de mètres de long et leur ouverture quelques mètres de haut ; en haute mer, ils sont beaucoup plus grands.

1/Abri de navigation
2/Treuil de pêche
3/Treuil de charge (utilisé pour les manœuvres accessoires)
4/Panneaux divergents : ils maintiennent le Chalut ouvert horizontalement
5/Chalut
6/Potence
7/Parc à poissons
8/Radar
9/Feux de navigation
10/Signalisation indiquant que le bateau est en pêche

La criée

Je me félicite d'être né en un point tel que mes premières impressions aient été celles que l'on reçoit face à la mer et au milieu de l'activité des hommes.

Paul Valéry

Les ports de pêche possèdent des installations qui permettent aux pêcheurs de débarquer et de vendre le poisson dès leur arrivée : les criées.

Dans ces vastes hangars construits sur les quais, le poisson est entreposé, trié selon son espèce, sa taille et sa qualité ; déposé dans des bacs de plastique, il sera vendu aux enchères dès le lendemain matin.

Les acheteurs, ou mareyeurs, en assurent la distribution dans le pays et l'acheminement vers les grands marchés régionaux où viendront se ravitailler les poissonniers.

Jeter l'hameçon, ce n'est pas attraper !
Le poisson pris, encor faut-il le vendre.

Chao Tchang-heng

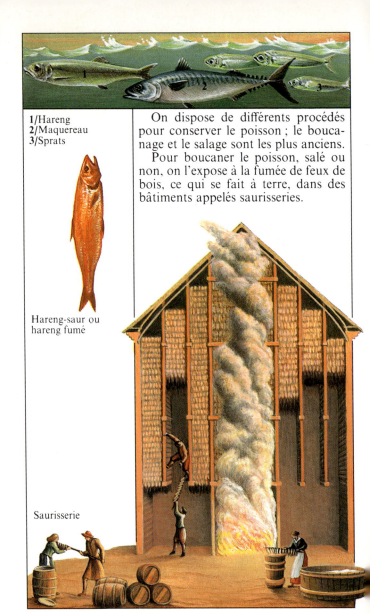

1/Hareng
2/Maquereau
3/Sprats

Hareng-saur ou hareng fumé

On dispose de différents procédés pour conserver le poisson ; le boucanage et le salage sont les plus anciens.

Pour boucaner le poisson, salé ou non, on l'expose à la fumée de feux de bois, ce qui se fait à terre, dans des bâtiments appelés saurisseries.

Saurisserie

La conservation du poisson

La salaison est le procédé le plus répandu pour la conservation des *anchois* et de la *morue*. Celle-ci, vidée et étêtée à bord des bateaux, est gardée dans du sel. De retour au port, elle est à nouveau salée puis séchée avant d'être mise en vente.

Sur certains gros navires de pêche modernes (thoniers ou chalutiers) le poisson est congelé à – 40° aussitôt sorti de l'eau, puis stocké à – 20°.

Haddock ou églefin fumé

Le séchage des morues se fait sur des bâtis de bois.

Morue

Poissons et crustacés sont utilisés pour la fabrication de conserves alimentaires, (les sardines à l'huile ou le thon en boîte).

45

Les crustacés comestibles

*Mais le homard !
Vivre dans une
carapace, autrement
dit avoir ses os
autour de soi, quel
changement radical
cela doit être dans la
façon de comprendre
la vie ! Avoir
constamment la mer
entière autour de soi ;
remuer les pinces ;
voir passer les autres ;
guetter sa proie : voilà
sans doute, les
prolégomènes à toute
réflexion du homard.*

Raymond Queneau

Homard (40 à 70 cm de long)

Grands, robustes, pleins de ruse, les crabes ou cancres, sont un peuple de combat.

Jules Michelet

Les crustacés comestibles sont peu nombreux et appartiennent presque tous au groupe des *décapodes*.

Les *crevettes* ont une carapace souple. La *crevette rose* ou bouquet, nage dans les mares et les zones rocheuses tandis que la *crevette grise*, plus petite, vit le long des plages et dans les estuaires.

D'autres *décapodes* ont une carapace dure et se déplacent sur les fonds marins.

Le *homard* est reconnaissable à ses pattes antérieures transformées en deux grosses pinces dont l'une est beaucoup plus grosse que l'autre. Pêché intensivement en raison de la qualité de sa chair, il est moins abondant qu'il ne le fut. La *langoustine*, plus petite, vit entre 40 et 200 mètres de profondeur, sur les fonds mous et vaseux.

La *langouste*, qui vit à d'assez grandes profondeurs sur les fonds rocheux, a deux très longues antennes mais n'a pas de grosses pinces.

Les *crabes*, de forme bien différente des animaux précédents, ont l'abdomen très réduit replié sous la carapace du céphalothorax. Le *tourteau*, ou *dormeur*, se nourrit de petits crustacés, de mollusques et de vers ; il abonde dans les zones rocheuses de la côte.

Langouste (30 à 50 cm de long)

Araignée de mer (20 cm de long)

Tourteau (20 cm de long)

Les poissons du large

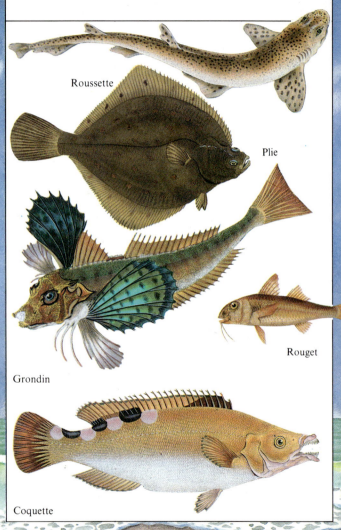

Roussette

Plie

Grondin

Rouget

Coquette

Au large, vivent de nombreux poissons différents de ceux que l'on trouve généralement le long de la côte et sur les plages. Ce sont ceux que capturent les pêcheurs depuis leurs barques.

1/Bar
2/Lieu jaune
3/Bouquet

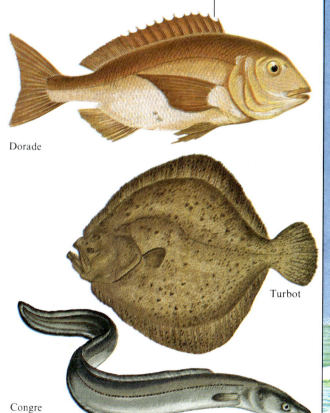

Dorade

Turbot

Congre

49

La pêche de nuit

Matelots ! matelots !
Vous déploierez les voiles ;
Vous voguerez, joyeux parfois,
mornes souvent ;
Et vous regarderez aux lueurs
des étoiles
La rive, écueil ou port,
selon le coup de vent.

Victor Hugo

La pêche au lamparo s'effectue de nuit le long des côtes méditerranéennes. Les poissons qui nagent près de la surface (*anchois* ou *sardines* par exemple) sont attirés par la lumière d'un puissant projecteur, le lamparo, puis emprisonnés dans une senne.

La senne est une grande nappe de filets munie de flotteurs dans sa partie supérieure, ce qui lui permet de rester en surface. Dans sa partie inférieure, elle est lestée de plombs qui maintiennent les filets verticalement.

Une embarcation se dirige jusqu'à un banc de poissons qu'elle encercle avec la senne. En tirant la partie inférieure de celle-ci, on en ferme le fond (c'est le boursage), retenant les poissons dans la poche ainsi formée. En haute mer, les sennes sont halées par de gros navires, tandis que sur les plages elles sont tirées vers le rivage par les pêcheurs.

Mise à l'eau de la senne

Fermeture de la senne

« Boursage » : le fond de la senne est remonté

Le poisson est hissé à bord.

51

Les huîtres et les moules

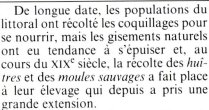

La qualité de l'eau, la nature du fond et celle du plancton qu'elle consomme, donnent à l'huître un goût particulier qui diffère d'une région à l'autre.

L'huître, de la grosseur d'un galet moyen, est d'une apparence plus rugueuse, d'une couleur moins unie, brillamment blanchâtre.
Francis Ponge

De longue date, les populations du littoral ont récolté les coquillages pour se nourrir, mais les gisements naturels ont eu tendance à s'épuiser et, au cours du XIXe siècle, la récolte des *huîtres* et des *moules sauvages* a fait place à leur élevage qui depuis a pris une grande extension.

Les *huîtres* pondent au début de l'été. Leurs larves vivent librement

Huître creuse

dans le plancton, entraînées par le courant. Après quelques semaines, elles descendent sur le fond, se fixent à un support solide et se métamorphosent pour devenir de *petites huîtres* qui grandiront sur ce support appelé collecteur. L'ensemble des larves constitue le *naissain*. Les *huîtres* atteignent 3

Parc à huîtres dans le bassin d'Arcachon

à 4 centimètres en quelques mois ; elles sont alors détachées des collecteurs, lors du « détroquage » et placées dans des parcs où elles se nourrissent de plancton. Elles en seront ensuite retirées pour « l'affinage » (dans des bassins spécialement aménagés, les « claires »). Puis ces *huîtres* sont commercialisées, leur transport se faisant dans des bourriches.

Comme celles des *huîtres,* les larves des *moules* viennent se fixer sur le fond. Leur captage se fait sur des collecteurs qui sont, soit des cordes, soit des pieux appelés bouchots.

La culture se fait à plat, les *jeunes moules* sont alors répandues sur le sol

dans des zones abritées, ou, comme sur les côtes atlantiques, placées dans de grands sacs allongés que l'on enroule en spirale autour de gros pieux enfoncés dans la zone des marées. En Méditerrannée, les *moules* sont placées sur des cordes attachées à des pilotis. Quand elles atteignent 4 à 6 centimètres, elles sont commercialisées.

Pour être vendus, les coquillages doivent porter obligatoirement une étiquette délivrée par un organisme officiel, garantissant qu'ils sont propres à la consommation.

Bouchots à moules

Le terme de conchyliculture désigne la culture de l'ensemble des coquillages comestibles, celui d'ostréiculture celle des huîtres et celui de mytiliculture, celle des moules.

Cordes de naissain

L'aquaculture

Œufs de saumon

Alevin

Petit saumon en début de croissance

Depuis 3 à 4 mille ans, l'homme a domestiqué des animaux terrestres pour son alimentation. Les Chinois, cinq siècles avant J.-C. élevaient des *carpes* dans les étangs. En Europe, depuis le siècle dernier, on élève les *truites* en eau douce, c'est la salmoniculture, et dans les parcs des bords de mer, les *huîtres* et les *moules*. En Extrême-Orient, l'élevage de poissons marins et la culture des algues ont pris une grande ampleur.

En France, depuis une dizaine d'années, les recherches orientées vers l'élevage et la culture des espèces aquatiques, l'aquaculture, se sont développées en direction de nouvelles espèces marines autres que les *moules* et les *huîtres* ; c'est ce que l'on appelle l'aquaculture nouvelle.

Il existe différents types d'aquaculture. Dans les étangs salés et les lagunes du littoral méditerranéen, viennent grandir les jeunes poissons de certaines espèces marines. Ils sont alors capturés par l'homme qui les élève, essayant d'utiliser au mieux cette pro-

Saumon adulte

duction naturelle : c'est l'aquaculture extensive.

L'aquaculture intensive consiste, au contraire, à élever dans des conditions purement artificielles, des animaux auxquels on fournit de la nourriture et que l'on fait vivre dans des bacs ou des bassins. Elle se pratique sur des espèces de haute valeur gastronomique et donc, de haute valeur économique, comme le *saumon*, le *bar*, la *daurade*, le *turbot*, la *sole* et les *crevettes*.

Des recherches importantes sont également effectuées pour élever des mollusques : l'*ormeau* et les *bivalves*, par exemple.

Il est aussi possible d'essayer de repeupler le milieu marin en relâchant de jeunes animaux dont la première partie de la vie s'est écoulée dans des bassins d'élevage ; c'est ce qui est fait avec les jeunes *homards*. Mais il est encore difficile d'apprécier l'efficacité de cette aquaculture de repeuplement.

Au niveau de la production mondiale, l'aquaculture ne représente encore que 10 % de celle de la pêche.

Bassins d'aquaculture

Turbot

Ormeau

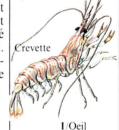

Crevette

1/Oeil
2/Antennes
3/Bouche
4/Tube digestif

Coupe longitudinale d'une crevette

Les végétaux marins

Lichens

Xanthoria parietina.
Ce lichen orangé
recouvre les rochers
jamais immergés.

Caloplaca marina

Verrucaria maura.
Il marque d'une ligne
noire le niveau des
hautes mers.

Les lichens

Les lichens sont constitués de deux végétaux différents, un champignon et une algue étroitement unis. Dans cette association, le champignon, dépourvu de chlorophylle et ne pouvant pas produire les substances organiques nécessaires à sa vie, bénéficie de la chlorophylle de l'algue.

Les algues marines

Les algues sont des plantes aquatiques n'ayant ni fleurs, ni feuilles, ni racines. Elles sont soit fixées au fond de l'eau, sur des rochers, des galets ou des coquilles par des crampons, soit libres et flottantes.

Au-dessus du crampon, se déploie le thalle ; il peut être simple ou ramifié, cylindrique ou aplati, étroit ou large.

Toutes les espèces possèdent un pigment de couleur verte, la chlorophylle, qui capte l'énergie solaire grâce à laquelle elles peuvent reconstituer de la matière vivante à partir du gaz carbonique dissous dans l'eau. Elle seule, en effet, permet que soit fabriquée la matière vivante à partir de la matière inerte. Cette réaction s'appelle la photosynthèse, elle explique la présence des algues dans la couche superficielle des eaux marines, là où pénètre la lumière du soleil.

En plus de la chlorophylle, les algues peuvent avoir d'autres pigments, bruns ou rouges, pouvant masquer la couleur verte ; elles sont alors brunes ou rouges.

Sur ces prairies gluantes, des laminaires en festons encadrent les œillets de mer.
Edouard Herriot

Certaines algues supportent d'être émergées longtemps, d'autres moins ; c'est pourquoi, en se promenant sur les rochers à marée basse, on voit que la répartition des algues brunes, qui sont les plus abondantes dans la zone des marées, présente une grande régularité. Il y a, en effet, depuis le niveau le plus haut, celui des hautes mers de vives-eaux jusqu'au niveau le plus bas, celui des basses mers de vives-eaux, une série de plusieurs ceintures d'algues, chaque ceinture étant constituée d'une seule espèce.

1/Lichens
2/Pelvetia
3/Ulva lactuca
4/Fucus platycarpus
5/Fucus vesiculosus
6/Ascophyllum nodosum
7/Fucus serratus
8/Himanthales
9/10/11/12/ Différentes espèces de laminaires

57

Le ramassage du goémon

Laminaire

« Le scoubidou »
Technique moderne de ramassage du goémon.

Les algues, appelées encore goémon ou varech par les Bretons, sont récoltées depuis toujours par les habitants du littoral, et utilisées pour l'alimentation, l'agriculture et l'industrie. Les vieilles légendes celtiques évoquent cette cueillette qui se perpétue activement de nos jours sur les côtes nord du Finistère et notamment autour des îles bretonnes.

Autrefois, à marée basse, à l'aide de longs râteaux, on ramassait le goémon flottant arraché dans le fond par la mer, ou bien, on le coupait, comme le paysan moissonnant son champ, avec des faux. Il était ensuite chargé sur des charrettes tirées par des chevaux ou par des bœufs. Les grandes prairies de laminaires jamais émergées étaient également fauchées à l'aide de faux prolongées de longs manches appelées « pigouilles » en Bretagne. Les goémoniers sont surnommés les « pigouilleurs ».

Odeurs des goémons aux capsules dorées,
Chevelures d'ambre, algues que je sens encor
Glisser, vivantes, dans ma bouche
et ma mémoire.

Roger Devigne

Aujourd'hui, les barques des goémoniers sont équipées de crochets métalliques, actionnés par un bras hydraulique, le « scoubidou », qui arrache les grandes algues brunes du fond, et les tracteurs ont remplacé les bêtes de somme.

L'été, dans les zones des marées, on cueille encore à la main, sur les rochers, le petit goémon que l'on étend sur les landes et sur les dunes pour qu'il sèche et blanchisse.

Les algues ont servi à fumer les champs jusqu'à l'apparition des engrais chimiques. Elles sont riches des substances minérales qu'elles puisent dans la mer. On en a extrait l'iode et la soude, en les brûlant dans des fours ou en mettant le feu aux meules érigées le long des rivages.

Des algues, on extrait aussi les gélifiants utilisés dans la confection des crèmes et de différents mets, ou dans la fabrication de cosmétiques.

Le goémon frisé couvre au printemps, de ses feuilles tantôt carminées, tantôt lilas, nos rochers normands et bretons ; il est des algues d'un blanc d'ivoire, d'autres à filaments rosés, d'autres à palmes jaunes.

Édouard Herriot

Les marais salants

Touffe de **salicorne**. Cette plante herbacée pousse dans les terrains salés. Elle peut se conserver dans le vinaigre et se consommer comme un condiment.
Recette : plonger les rameaux dans un bocal rempli de vinaigre blanc aromatisé avec des petits oignons, des clous de girofle, du poivre et une branche d'estragon. La cendre de salicorne fournit de la soude.

Le sel, chlorure de sodium, est indispensable à l'alimentation ; sa production et sa vente étaient, sous l'ancien Régime, étroitement contrôlées par le pouvoir royal et soumis à un impôt très impopulaire, la gabelle. L'eau de mer contient en moyenne 35 grammes de sel par litre et constitue donc une importante réserve qui a toujours été exploitée par l'homme.

Les marais salants sont de vastes étendues de bassins peu profonds où l'eau de mer pénètre ; sous l'effet du soleil et du vent, elle s'y évapore et le sel se dépose.

L'eau salée suit un parcours précis avant sa totale évaporation. Elle pénètre dans le marais par un *canal d'alimentation* (1), puis traverse une *vasière* (2) dans laquelle se déposent les impuretés. Elle passe ensuite dans

le *cobier* (3) ou bassin de décantation avant d'atteindre le *fare* (4), bassin d'échauffement de l'eau. Elle est guidée ensuite dans les *adernes* (5) — rectangles de 8 mètres sur 10 — puis dans les *œillets* (6) ; là, se forment les cristaux de sel.

Pour recueillir le sel, les *paludiers* ou *sauniers*, utilisent de grands râteaux ; ils l'entassent ensuite dans une zone appelée *trémet* (7). Il est toujours nécessaire de purifier le sel ainsi exploité pour le rendre propre à la consommation humaine.

On trouve des marais salants, également appelés *salines*, sur la côte méditerranéenne, sur les côtes atlantiques, en Charente-Maritime, en Vendée, et sur la côte sud de la Bretagne, en particulier dans la région de Guérande.

Stockage du sel

Plan d'un salin de la côte atlantique

Les prés-salés et les polders

Prés-salés
de la baie du
Mont Saint-Michel

Les prés-salés

Sur le haut des estrans très plats, comme dans la baie du Mont Saint-Michel, poussent des pâturage appelés *herbus* ou *schorres,* que recouvre la mer lors des marées de vives-eaux.

Les bergers y gardent de grands troupeaux, essentiellement de moutons, dits de *prés-salés*. Ceux-ci sont réputés pour la qualité de leur chair. Le terme *pré-salé* s'applique également à des moutons élevés sur les landes humectées d'embruns des îles bretonnes.

Dans l'élevage traditionnel se déroulant presque exclusivement sur les *herbus,* les pâturages fournissent 60 % environ de la nourriture des animaux qui doivent donc recevoir parallèlement un apport de fourrage complémentaire.

Les polders

En construisant d'énormes digues, les hommes ont réussi à conquérir de vastes territoires aux dépens de la mer. En Hollande, une partie des terres s'étend ainsi au-dessous du niveau de la mer ; ce qui explique la devise de la Zélande (province des Pays-Bas) : « Je lutte et je surnage ».

Les terrains gagnés sur la mer, plus de 250 000 hectares, sont appelés *polders*. Ils constituent une vaste plaine cultivée ou plantée d'herbages, où les apports d'eau sont en permanence contrôlés par un réseau de canaux et de fossés.

En France, les marais bretons ou poitevins que submergeait la mer, furent drainés et asséchés dès le Moyen Age.

Polders

Entre la mer et la terre s'étendent des campagnes péla-giennes, frontières indécises des deux éléments : l'alouette de champ y vole avec l'alouette marine ; la charrue et la barque, à un jet de pierre l'une de l'autre, sillonnent la terre et l'eau. Le navigateur et le berger s'empruntent mutuellement leur langue : le matelot dit les vagues moutonnent, le pâtre dit des flottes de moutons.

F.R. de Chateaubriand

Paysage de bocage

Les dunes

*Mais dunes immobiles
n'avez-vous jamais
jalousé la mer ?*

*A la regarder
qui roule et qui vole
n'avez-vous jamais
rêvé de danser ?*

*O mer ébranlée
à les regarder
ces dunes immobiles
n'avez-vous jamais
rêvé de dormir ?*

Gisèle Prassinos

Sous la poussée du vent, les sables légers peuvent se mettre en mouvement, se déplacer à la surface du sol jusqu'au moment où leur avance est arrêtée par un obstacle sur lequel ils s'accumulent. Ils forment des monticules allongés, les dunes. Le profil de ces dunes n'est pas symétrique ; la pente située dans le sens où souffle le vent est douce alors que celle qui est à l'opposé est plus abrupte. Plusieurs dunes voisines arrivent à se souder et à former de larges cordons de dunes.

Les dunes sont perpétuellement en mouvement sous l'effet du vent ; elles se font et se défont et progressent vers l'intérieur. On les rencontre sur les côtes basses et plates où elles atteignent fréquemment une dizaine de mètres de haut.

Pour éviter le déplacement des dunes, on les fixe en y plantant des arbres. Sur les côtes de Flandre et au Danemark, on plante dans les sables une sorte de roseau, l'*oyat* ; ses racines

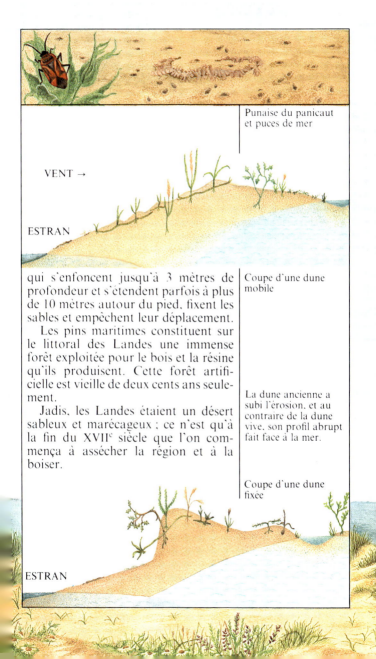

Punaise du panicaut et puces de mer

VENT →

ESTRAN

qui s'enfoncent jusqu'à 3 mètres de profondeur et s'étendent parfois à plus de 10 mètres autour du pied, fixent les sables et empêchent leur déplacement.

Les pins maritimes constituent sur le littoral des Landes une immense forêt exploitée pour le bois et la résine qu'ils produisent. Cette forêt artificielle est vieille de deux cents ans seulement.

Jadis, les Landes étaient un désert sableux et marécageux ; ce n'est qu'à la fin du XVIIᵉ siècle que l'on commença à assécher la région et à la boiser.

Coupe d'une dune mobile

La dune ancienne a subi l'érosion, et au contraire de la dune vive, son profil abrupt fait face à la mer.

Coupe d'une dune fixée

ESTRAN

Les plantes des bords de mer

Immortelle

Œillet des dunes

Queue de lièvre

Chardon des dunes

*Ici les plantes sont loin
D'avoir réglé leurs comptes.
Les prêles autant*

Lis de mer

Cinéraire

Ficoïde

Que les genêts et les ajoncs.
Le vent doit y être
Pour quelque chose...

Guillevic

Armérie

Euphorbe et oyat

Criste maritime

Giroflée
des dunes

Les oiseaux de mer

Mouette et son jeune

La plupart des oiseaux de mer vivent sur les côtes de la Manche et de l'Atlantique, dont les eaux sont riches en poissons, crustacés et mollusques.

En plusieurs endroits du littoral existent des réserves d'oiseaux de mer, parfois placées sous l'autorité de l'Etat, parfois privées. Le rôle principal de ces réserves est de protéger les espèces d'oiseaux au moment où elles sont le plus vulnérables, c'est-à-dire pendant la période de nidification. Les oiseaux sont alors sur leur nid et couvent ; quand les œufs sont éclos, les poussins restent avec leurs parents qui les protègent des agressions de toute nature, y compris celles d'autres oiseaux, des goélands notamment. Les parents alimentent les jeunes en régurgitant leur nourriture.

Certaines réserves peuvent être visitées et permettent d'observer les oiseaux dans de bonnes conditions, d'autres, les réserves intégrales, sont fermées au public.

Les oiseaux de mer vivent le plus souvent en colonies ; ils fabriquent leurs nids avec des algues, des herbes,

des petites branches, des débris divers, ou garnissent un trou dans le sable avec des coquilles et des galets.

Certains de ces oiseaux ne viennent sur la côte que pour nicher, ce sont les espèces pélagiques, grands voiliers qui parcourent la haute mer en dehors des périodes de reproduction : pétrel tempête, puffin, sterne, mouette tridactyle. Les autres restent au voisinage des côtes, s'en éloignant plus ou moins : fous de Bassan, pingouins torda, macareux, mouettes, goélands et cormorans.

Postes d'observation permettant aux visiteurs de la réserve de suivre le mouvement des oiseaux.

Les oiseaux construisent leurs nids dans les falaises et les rochers. Les côtes de la Méditerranée sont pauvres en oiseaux de mer car la nourriture y est plus rare.

Fou de Bassan

Le plus grand des oiseaux de nos côtes est le *fou de Bassan*. Il a une envergure de 1,70 m., la tête et le cou jaune pâle, le corps blanc et le bout des ailes noir. Quand il aperçoit un poisson, il plonge dans la mer, tombant verticalement et brutalement de plusieurs dizaines de mètres de haut et réapparaît quelques secondes après à la surface.

Macareux moine. Ce petit oiseau d'une trentaine de centimètres ne vient pêcher sur nos côtes qu'à la belle saison. On le rencontre surtout sur les îles bretonnes. Il nage sous l'eau au moyen de ses ailes et fait son nid sur les falaises ou dans des terriers de lapins abandonnés.

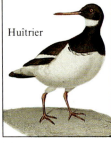

Huîtrier

Une grande variété d'oiseaux de mer vivent sur nos côtes. Ces espèces ont en commun de nombreux caractères adaptés à leur mode de vie : la vie en mer est plus difficile que la vie sur terre.

Leurs pattes palmées (trois ou quatre doigts réunis par une membrane) leur permettent de nager ; leurs ailes fines, chez certains même très allongées, leur sert à planer pour moins se fatiguer pendant des vols prolongés ; leur tube digestif est adapté à une alimentation composée de poissons, de mollusques ou de crustacés ; et leur bec est conçu pour capturer diverses proies. Même la forme de leur corps correspond à différentes manières de pêcher : un fou de Bassan ne pêche pas comme un cormoran.

Vol d'huîtrier-pie

Goéland à manteau noir

Jeune goéland

Mouette rieuse

Le *cormoran,* dont il existe deux espèces, le cormoran huppé et le grand cormoran, sont très communs ; ce sont d'excellents nageurs et plongeurs. Souvent on peut les voir perchés sur des rochers battus par les vagues, les ailes étendues, pour se sécher au soleil.

Cormoran

Pétrel damier

Mouettes, gris et goélands
Mêlent leurs cris et leurs élans.
Leur vol fou qui passe et repasse
Tend comme un filet dans l'espace.

Grisard (jeune mouette rieuse)

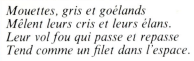

Poussin

La *mouette rieuse* ressemble à un petit goéland. Sa tête brun sombre l'été est tachetée de sombre l'hiver. Son bec et ses pattes sont rouges. Son cri rauque est très caractéristique.

1/Mouette rieuse immature
2/Adulte (plumage d'hiver)
3/Adulte (plumage d'été)

Elle niche dans les marais, sur les dunes ou les bancs de galets. L'hiver, elle se déplace vers l'intérieur des terres, fréquente les champs et même le centre des villes du Nord-Ouest.

Mouette adulte (plumage d'été)

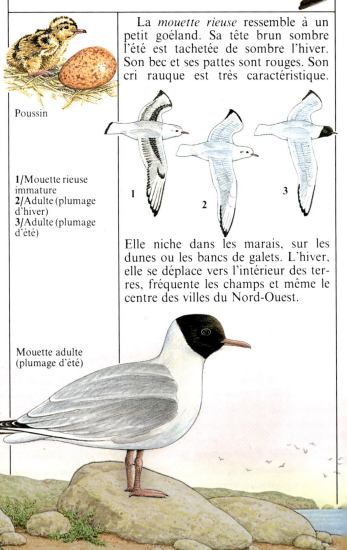

Mouettes, goélands et gris
Mêlent leurs élans et leurs cris.
Holà ! ho ! du cœur à l'ouvrage !
La mer grossit. Proche est l'orage.
Jean Richepin

De tous les oiseaux des bords de mer, le *goéland*, appelé souvent improprement « mouette », est le plus familier. Il en existe trois espèces : le *goéland marin*, le plus grand, a le dos et les ailes noires et les pattes presque blanches. Le *goéland brun*, a le dos et les ailes gris sombre et les pattes jaunes.

Poussin du goéland cendré

Le *goéland argenté* a le dos et les ailes gris clair et les pattes rose clair.

Les jeunes goélands, appelés *grisards*, sont tachetés de brun et de blanc.

1/Goéland brun adulte
2/Goéland marin adulte
3/Goéland argenté
4/Goéland sénateur

Goéland argenté adulte

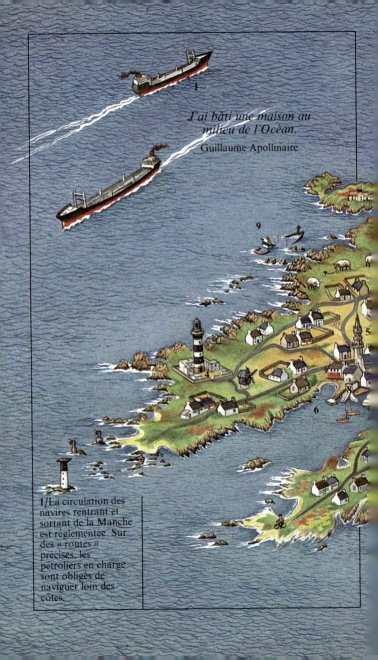

J'ai bâti une maison au milieu de l'Océan.
Guillaume Apollinaire

1/La circulation des navires rentrant et sortant de la Manche est réglementée. Sur des « routes » précises, les pétroliers en charge sont obligés de naviguer loin des côtes.

La vie d'une île, Ouessant

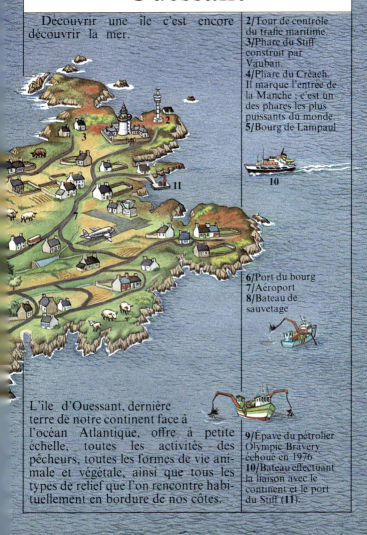

Découvrir une île c'est encore découvrir la mer.

2/Tour de contrôle du trafic maritime.
3/Phare du Stiff construit par Vauban.
4/Phare du Créach. Il marque l'entrée de la Manche ; c'est un des phares les plus puissants du monde.
5/Bourg de Lampaul
6/Port du bourg
7/Aéroport
8/Bateau de sauvetage

L'île d'Ouessant, dernière terre de notre continent face à l'océan Atlantique, offre à petite échelle, toutes les activités des pêcheurs, toutes les formes de vie animale et végétale, ainsi que tous les types de relief que l'on rencontre habituellement en bordure de nos côtes.

9/Épave du pétrolier Olympic Bravery échoué en 1976
10/Bateau effectuant la liaison avec le continent et le port du Stiff (11).

Les signaux de la mer

Interdiction d'entrer

Interdiction de sortir

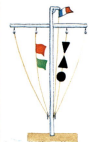

Interdiction d'entrer et de sortir

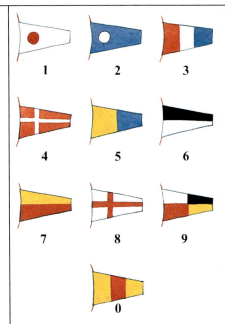

Pour communiquer entre eux, ou avec la terre, les navires se sont de tout temps servi de pavillons. Malgré les moyens de télécommunication modernes, ceux-ci sont encore employés et leur utilisation est soumise à des règles qui figurent dans un ouvrage, le *Code international de signaux*.

Il y a 26 pavillons alphabétiques, chacun hissé seul a un sens particulier, 10 flammes numériques et une flamme du code qui signifie que le message a été aperçu.

A – Alfa
Scaphandrier en plongée ; avancer lentement.

B – Bravo
Mouvement de marchandises dangereuses.

C – Charlie
Oui.

D – Delta
Je manœuvre avec difficulté.

E – Écho
Je viens sur tribord.

F – Foxtrot
Suis désemparé ; communiquez avec moi.

G – Golf
J'ai besoin d'un pilote.

H – Hotel
J'ai un pilote à bord.

I – India
Je viens sur bâbord.

J – Juliett
Incendie à bord et transport de marchandises dangereuses.

K – Kilo
Je désire communiquer avec vous.

L – Lima
Stoppez immédiatement.

M – Mike
Suis stoppé sans erre.

N – November
Non.

O – Oscar
Un homme à la mer.

P – Papa
Mes filets sont accrochés à un obstacle.

Q – Québec
Mon navire est indemne.

R – Roméo
Bien reçu votre signal.

S – Sierra
Mes machines sont en arrière.

T – Tango
Je fais du chalutage jumelé.

U – Uniform
Vous courez vers un danger.

V – Victor
Je demande assistance.

W – Whisky
J'ai besoin d'assistance médicale.

X – X-ray
Arrêtez vos manœuvres.

Y – Yankee
Mon ancre chasse.

Z – Zulu
J'ai besoin d'un remorqueur.

Flamme du code

Chenal autorisé aux planches à voile et aux embarcations.

Laisser à bâbord en venant du large

Laisser à tribord en venant du large

Balisage par rapport au danger

Danger isolé

Eaux saines

Devant Alexandrie, au IIIe siècle avant J.-C. sur l'île de Pharos, fut construite une tour au sommet de laquelle brûlait un feu de bois : de Pharos vient le mot *phare*.

Le premier phare que le marin voit la nuit, le premier amer qu'il perçoit le jour, lui précise sa position, et, bien que les moyens de navigation modernes permettent d'avoir une grande précision sur la position du navire, les phares et amers n'ont rien perdu de leur importance.

Les phares sont soit sur terre, en bordure des côtes, soit en mer, édifiés sur des îlots ou des récifs. On les reconnaît la nuit à la couleur de leur feu — blanc, vert ou rouge — et à leur rythme d'apparition et de disparition. L'allumage et l'extinction des phares, ainsi que leur entretien, sont assurés par les gardiens qui vivent dans le phare. Alimentés autrefois par du bois, du charbon de bois, de l'huile ou du pétrole, la plupart des phares sont aujourd'hui électrifiés ; il existe même un phare atomique. Un système de lentilles, mis au point par Fresnel, augmente l'intensité de la lumière.

Les feux

Si le jour les balises ont des couleurs et des formes distinctes, la nuit, c'est la couleur des feux et leur rythme qui permettent leur identification.

1/Marque latérale à laisser à bâbord en venant du large : rouge, rythme quelconque.
2/Marque latérale à laisser à tribord en venant du large : vert, rythme quelconque.

Pour signaler les récifs isolés ou pour indiquer les chemins d'accès au port, on a édifié des tourelles et des balises. Il existe également des bouées ancrées sur le fond. Chacune, peinte de couleurs conventionnelles, permet de connaître sa position par rapport au danger.

Les règles de balisage du système cardinal sont conçues pour un navire venant du large. *Le Livre des Feux* donne l'énumération de tous les feux existants dans une région donnée : phares, balises et bouées lumineuses.

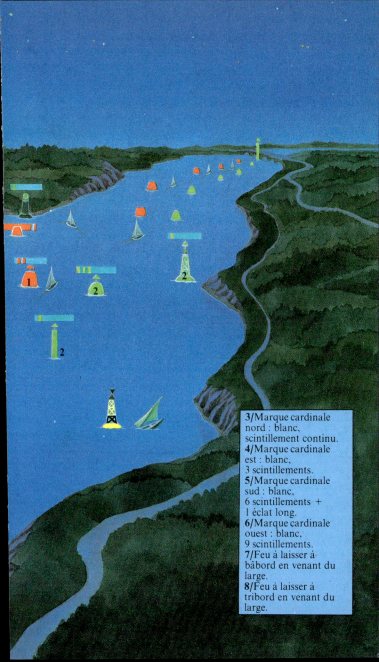

Le petit lexique des bords de mer

Age
On peut évaluer l'âge des poissons en observant certaines structures qui enregistrent, sous forme d'anneaux, les périodes de croissance. C'est le cas des écailles et des otolithes, qui sont de petites pièces osseuses, se trouvant de part et d'autre du cerveau des poissons.

Amer
Objet remarquable sur une côte et servant de point de repère aux navigateurs : phare, rocher, église, moulin...

Bâbord
Le côté gauche d'un vaisseau lorsque l'on regarde de l'arrière vers l'avant.

Benthos
Ensemble des animaux et végétaux vivant sur le fond des mers.

Brisants
Rochers ou écueils à fleur d'eau sur lesquels la mer se brise et déferle.

Cabillaud
Nom commercial de la morue fraîche.

Cap
Direction vers laquelle se dirige le navire ; se définit par rapport au nord et est indiqué par le compas.

Carrelet
Filet horizontal de forme carrée suspendu par l'intermédiaire de deux arceaux de bois disposés en croix à une grande perche qui sert à le descendre dans l'eau ou à le relever. Ce moyen de pêche est fréquent dans les estuaires.

Le carrelet est aussi un poisson plat appelé également plie.

Céphalopodes
Mollusques nageurs, comme le poulpe (ou pieuvre), la seiche, le calmar. Ils ont des tentacules préhensiles armés de ventouses et se meuvent par réaction, reculant brutalement en arrière, quand ils se sentent menacés.

Compas
Équivalent de la boussole des terriens, le compas est un instrument qui indique la direction du nord magnétique aux marins, par l'orientation d'un barreau aimanté. Sur les gros navires modernes, les compas gyroscopiques fournissent la direction du nord vrai.

Darse
Bassin d'un port.

Dérive
Différence entre la route que fait un

navire et le cap indiqué sur le compas. Elle est due à l'effet de la poussée du vent sur le navire.

Échassiers
Oiseaux à longues pattes qui vivent dans les zones marécageuses, terrestres ou marines, et sur les plages.

Echinodermes
Groupe d'animaux marins à squelette externe fait de plaques calcaires, soudées entre elles ou non. Les oursins et les étoiles de mer sont des échinodermes.

Estran
Partie du littoral couverte ou découverte par la mer au rythme des marées.

Force
Pour exprimer la force et la vitesse du vent observé, marins et météorologistes utilisent une échelle, dite « Échelle de Beaufort ». Cette échelle va d'un vent nul dit « calme », de force zéro, à un vent dont la vitesse est supérieure à 64 nœuds, dit « ouragan », de force 12 ; entre ces deux extrêmes les différentes forces de vent sont : « très légère brise, 1 ; légère brise, 2 ; petite brise, 3 ; jolie brise, 4 ; bonne brise, 5 ; vent frais, 6 ; grand frais, 7 ; coup de vent, 8 ; fort coup de vent, 9 ; tempête, 10 ; violente tempête, 11.

Goulet
Les rades, baies très fermées, ne s'ouvrent vers la pleine mer que par un passage étroit, appelé goulet ; le goulet de Brest est célèbre pour sa beauté.

Grève
Terrain plat formé de sable, de galets ou de graviers, qui s'étend en bordure des mers ou des rivières.

Halieutique
Est halieutique tout ce qui a rapport à la pêche.

Hydrographie
L'hydrographie est une discipine scientifique qui a pour but d'établir une description exacte des mers (formes, profondeurs, courants, marées...) afin de fournir aux marins les documents nautiques (cartes, instructions nautiques...) nécessaires à la navigation.

Hydrologie
Étude des propriétés de l'eau de mer.

Ichthyologie
L'ichthyologie est la science qui traite des poissons. On appelle de même carcinologie la science des crustacés et malacologie celle des mollusques.

85

Krill
Dans le plancton vivent de petites crevettes dont certaines espèces atteignent quelques centimètres de long ; elles constituent le krill. Dans l'océan Antarctique celui-ci forme d'immenses bancs, réserve alimentaire des baleines, et peut-être un jour de l'homme.

Laisse
Les tempêtes arrachent les algues de leur support. Lorsque la mer se retire, à la marée descendante, ces algues s'échouent et s'accumulent en bourrelets sur les plages ; ce sont les laisses de mer.

Limicoles
Les animaux limicoles, les oiseaux en particulier, sont ceux qui vivent dans la vase.

Marnage
Le marnage, amplitude de la marée, est la différence de hauteur entre une pleine mer et la basse mer qui la suit ou entre une basse mer et la pleine mer qui la suit. Les marnages varient beaucoup d'une région à une autre, atteignant jusqu'à 20 mètres dans la baie de Fundy au Canada, et jusqu'à 15 mètres dans la baie du Mont Saint-Michel en France.

Mille marin
Les distances sont mesurées en mer, non pas en kilomètres, mais en milles marins (dont l'appellation dans la Marine nationale est : le « nautique »). Un mille marin est égal à 1 852 mètres ; c'est la longueur d'un arc d'une minute de méridien pris à la latitude 45°.

Mue
La rigidité de la carapace d'un crustacé s'oppose à une croissance continue de l'animal. Aussi, à certaines périodes, celui-ci rejette cette carapace ; ce phénomène porte le nom de mue. Après la mue, une carapace nouvelle, plus grande que celle qui vient d'être abandonnée, se met en place ; d'abord molle elle se durcit rapidement ; elle tombera à son tour lors de la mue suivante.

Nageoires
Les nageoires des poissons sont de deux types. Les nageoires impaires sont situées dans le plan de symétrie du corps, nageoires dorsales (sur le dos), caudales (formant la queue), anales (sur le ventre). Les nageoires paires, qui correspondent aux membres des vertébrés aériens, sont les nageoires pectorales (membres antérieurs) et les nageoires pelviennes ou ventrales (membres postérieurs) ; elles sont disposées de part et d'autre du corps.

Nœud
La vitesse des navires s'exprime en nœuds. Un nœud correspond

à une vitesse de 1 mille marin par heure. Ce nom provient de ce qu'autrefois pour mesurer la vitesse on laissait filer derrière le bateau une ligne (ligne de loch) portant une série de nœuds disposés régulièrement ; plus le bateau allait vite, plus le nombre de nœuds filés était grand.

Océanographie
Science dont l'objet est la mer.
Chimique, elle étudie la composition de l'eau de mer ; physique, elle étudie ses mouvements ; géologique, elle étudie le fond des mers ; biologique, elle étudie les végétaux et les animaux qui vivent dans les mers et les océans.

Pelagos
Ensemble des végétaux et animaux vivant en pleine eau sans attache avec le fond.

Phytoplancton
Plancton végétal.

Quille
Partie inférieure axiale de la coque d'un navire, allant de l'avant de la proue, à l'arrière à la poupe.

Ressac
Quand la vague arrive sur une plage se continuant sous l'eau en pente douce ou sur un haut-fond, elle s'écroule, déferle, puis l'eau retourne vers le large. C'est le ressac.

Rose des vents
Le barreau de fer aimanté du compas est fixé sous la rose des vents selon la direction nord-sud et c'est l'ensemble constitué par la rose et l'aimant qui se déplace en fonction des caps pris par le navire.

Salinité
L'eau de mer est salée. Cette salure est due à la présence de plusieurs sels, dont le plus important est le chlorure de sodium. La salinité est la quantité de sels contenue dans un litre d'eau ; elle varie d'une mer à l'autre, sa valeur moyenne est de 35 pour mille.

Sémaphore
Les sémaphores sont situés sur des sites élevés d'où la vue sur la mer et sur la côte est bonne. Ils assurent la surveillance permanente de la navigation devant le littoral et contrôlent les navires de toutes catégories.

Thalassothérapie
C'est l'ensemble des traitements médicaux qui font appel à la mer (tels

87

que les bains de mer dans des établissements spécialisés, installés sur le littoral) et au climat maritime.

Tribord
Le côté droit d'un vaisseau lorsqu'on regarde de l'arrière vers l'avant.

Valleuse
Les falaises calcaires, donc en roche tendre, forment des murailles presque rectilignes, absolument verticales, hautes parfois de 80 mètres. Par endroit, elles ont reculé si vite sous le choc des vagues que les rivières coulant vers la côte n'ont pas eu le temps de creuser leur lit jusqu'au niveau de base ; aussi le fond de la vallée, au lieu de déboucher de plain-pied sur la plage, est-il resté suspendu. Ces petites vallées au sommet des falaises sont les valleuses.

Vent
Les vents sont désignés par la direction d'où ils soufflent, ainsi le vent d'ouest, souffle de l'ouest. Le nom des principaux vents a été modifié par l'usage ; le vent de nord-ouest est dit de noroît ; de sud-ouest, de suroît ; de sud-est, de suet ; de nord-est, de norde.

Vessie gazeuse
Chez certains poissons existe une structure particulière : la vessie gazeuse ou vessie natatoire. Elle est située dans la partie dorsale de la cavité viscérale. Elle contient des gaz et son volume peut varier, ces gaz provenant du sang et y retournant. On lui attribue un rôle dans les mouvements verticaux des poissons.

Wharf
Quai qui s'avance dans la mer.

Yacht
Navire de plaisance à voile ou à moteur quelle que soit sa taille.

Youyou
Petite embarcation, *plate* ou *canot pneumatique* qui permet de rallier le bateau au mouillage à la terre ferme.

Ys
Les légendes bretonnes racontent qu'à l'extrémité de la Bretagne existait jadis une ville construite sous le niveau de la mer, la ville d'Ys. Elle était protégée par des hautes digues dont les portes étaient soigneusement fermées. Un jour ces portes furent ouvertes par Dahut, la fille du roi de la cité, Gradlon, et la mer envahit la ville qui disparut à jamais.

Zéro des cartes
Sur les cartes marines françaises, les profondeurs d'eau sont exprimées en mètres ; elles correspondent à la hauteur d'eau au-dessous du niveau des basses mers des plus grandes marées connues. Ce niveau est dit : zéro des cartes.

Zooplancton
Plancton animal.

Table des matières

8/Le littoral
10/Le relief des côtes
12/Les marées
14/La chaîne alimentaire
16/La pêche à pied sur le rivage
18/Les invertébrés du sable
20/Les invertébrés des rochers
22/La plongée
24/Les poissons des plages
 et des mares
26/Animaux vénéneux et électriques
28/Parasites et associés
30/La petite pêche côtière
34/La pêche à la ligne
36/Les poissons des côtes
39/Le port de pêche
40/Le chalutier
42/La criée
45/La conservation du poisson
46/Les crustacés comestibles
48/Les poissons du large
50/La pêche de nuit
52/Les huîtres et les moules
54/L'aquaculture
56/Les végétaux marins
58/Le ramassage du goémon
60/Les marais salants
62/Les prés-salés et les polders
64/Les dunes
66/Les plantes des bords de mer
70/Les oiseaux de mer
76/La vie dans une île, Ouessant
78/Les signaux maritimes
82/Les feux

Biographies

Patrick Geistdoerfer, chercheur au C.N.R.S. est né à Paris en 1941. Après des études d'océanographie physique et biologique, il passe un doctorat d'État de sciences naturelles. Il a toujours navigué et a réalisé à bord de navires de pêche ou de recherche de nombreuses missions océanographiques, plus spécialement dans les mers polaires et dans l'Atlantique Nord.

Nicole Baron est née en 1945 à Grenoble. Après les Beaux-Arts de Mâcon, elle poursuit ses études à Paris et effectue de nombreux voyages au Proche-Orient. Son plus beau souvenir reste une navigation nocturne à bord d'un bateau-pêcheur d'éponges turc. (Illustrations des pages 8 à 31, 36 à 41, 46 à 61, 76 à 81, 84 à 88 et couverture).

Dorothée Duntze, née à Reims, vit à Strasbourg après y avoir passé trois ans à l'école des Arts décoratifs. Petite, elle écoutait son père raconter la vie d'un petit gorille et dessinait les aventures d'un lapin. Depuis, elle n'a pas cessé de raconter en dessinant. (Illustrations des pages 7, 32, 33, 62, 63, 66 à 69).

Marie Mallard vit depuis 1948 à Paris dans le 14e arrondissement ou en Auvergne, au milieu des bois. Elle a une attirance particulière pour les animaux qu'elle dessine beaucoup, beaucoup et très minutieusement. (Illustrations des pages 44, 45).

Sylvaine Pérols est née à Angers, près d'une campagne qu'elle aime. Après des études aux Beaux-Arts, elle est venue s'installer à Paris, rêves en poche. Aujourd'hui, elle est illustratrice. Demain, elle sera peut-être fleuriste ?... (Illustrations des pages 82, 83).

Christian Rivière est né en 1957 à Paris. Après avoir fait l'école d'art graphique de la rue Corvisart, il s'est consacré successivement à la science-fiction, la gravure, la bande-dessinée et se tourne de plus en plus vers l'illustration.

Dominique Thibault a fait des études aux Beaux-Arts de Nancy et de Reims, où elle a obtenu des diplômes de gravure et de lithographie. La découverte de miniatures persanes et mogholes, comme celle des enluminures du Moyen Age, lui ont révélé les immenses possibilités du travail de la couleur. (Illustrations des pages 64, 65).

Nathaële Vogel, née en 1953 à Strasbourg, elle passe son enfance à Boulogne-sur-Mer où elle est rapidement conquise par la mer, les falaises, les rochers couverts d'algues, l'immensité des plages à marée basse, la musique des tempêtes, des mouettes et de la corne de brume. Elle a fait ses études aux Beaux-Arts de Tourcoing. (Illustrations des pages 34, 35).

Pierre Weitzel est né en 1957 à Luxembourg. Après avoir fait ses études aux Arts décoratifs, il est devenu illustrateur pour la presse, la publicité, l'édition. Originaire d'un petit pays, il aspire aux grands espaces, comme la Chine et les États-Unis. Dans ses dessins, c'est la lumière plus que le trait qui modèle les objets. (Illustrations des pages 42, 43).

Les illustrations des pages 10, 11, 18 à 21, 24 à 29, 32, 36, 37 sont reproduites de l'ouvrage *The Natural History of British Shells,* London, 1800).

Table des poèmes

6. Rabindranath Tagore, Sur le rivage (*Le Jardinier d'amour, La Jeune Lune*, Gallimard, 1963). **8.** Jean Tardieu, Monsieur interroge Monsieur (extrait, *Le Fleuve caché*, Gallimard, 1951). **9.** Jacques Prévert, « Mouvements des navires »... (extrait, *La Pluie et le Beau Temps*, Gallimard, 1955). **10.** Gillevic, Les rocs (extrait, *Terraqué*, Gallimard, 1942). **12.** Raymond Queneau, Les marées (extrait, *Fendre les flots*, Gallimard, 1969). **13.** Tristan Corbière, Paris nocturne (extrait, *Les Amours jaunes*, Gallimard, 1973). **14.** Paul Valéry, « On voit dans la mer »... (*Mer, marines, marins*, Librairie, Firmin Didot et Cie, 1930). **17.** Guillevic, *Inclus*, Gallimard, 1973). **19.** Raymond Queneau, Le Buccin (*Fendre les flots*, Gallimard, 1969). **20.** Guillevic, « Tous les crustacés »... (*Exécutoire*, Gallimard, 1947). **21.** Jules Michelet, « Ces rocs »... (extrait, *La Mer*, 1861). **22.** Arthur Rimbaud, Le Bateau ivre (extrait, *Poésies*, 1883). **25.** Raymond Queneau, Les Hippocampes (*Fendre les flots*, Gallimard, 1969). **27.** Raymond Queneau, Les Poissons (extrait, *Saint Glinglin*, Gallimard, 1948). **28.** Federico Garcia Lorca, Coquillage (*Poésies II*, Gallimard, 1954). **30.** Guy de Maupassant, « Infatiguable »... **31.** Jules Michelet, « Le poisson »... (extrait, *La Mer*, 1861). **32.** Félicité Lamennais, « Au laboureur les champs »... (extrait, *Une voix de prison*). **33.** Maurice Carême, Le Pêcheur (extrait, *Au clair de lune*, Éditions Ouvrières, 1977, ' Fondation Maurice Carême). **36.** Gaïck Conan, Transparences (*N'écrasez pas les primevères*, Éd. Pastorelly). **37.** Raymond Queneau, Marine (extrait, *L'Instant fatal*, Gallimard, 1948). **39.** Blaise Cendrars, A bâbord (extrait, *Au cœur du monde, Feuilles de route*, Denoël, 1947). **41.** Paul Valéry, Inspirations méditerranéennes (extrait, *Variété*, Gallimard, 1924). **43.** Chao Tchang-heng, Le Pêcheur (extrait, *Anthologie de la poésie chinoise classique*, Gallimard, 1962). **46.** Raymond Queneau, Les Poissons (extrait, *Saint Glinglin*, Gallimard, 1948). **47.** Jules Michelet, « Grands, robustes »... (extrait, *La Mer*, 1861. **51.** Victor Hugo, Variations sur le port (extrait, *Les Rayons et les Ombres*, 1840). **52.** Francis Ponge, L'Huître (extrait, *Le Parti pris des choses*, Gallimard, 1942). **57.** Édouard Herriot, Algues (extrait, *La Porte océane*, Hachette). **59.** Roger Devigne, Odeur marine (extrait, *Poèmes*, L'Encrier, 1956). . Édouard Herriot, Algues (extrait, *La Porte océane*, Hachette). **63.** François René de Chateaubriand, Campagnes pélagiennes (extrait, *Mémoires d'outre-tombe*, 1849). **64.** Gisèle Prassinos, « Mais lunes immobiles... » *La poésie comme elle s'écrit*, Éditions ouvrières, 1979). **68, 69.** Guillevic, « Ici les plantes »... (extrait, *Etier*, Gallimard). **74, 75.** Jean Richepin, Oiseaux de mer (*La Mer*, Éd. Fasquelle). **76.** Guillaume Apollinaire, Océan de terre (extrait, *Calligrammes*, Gallimard, 1925).

Nous remercions Messieurs les Auteurs et Éditeurs qui nous ont autorisés à reproduire textes ou fragments de textes dont ils gardent l'entier copyright (texte original ou traduction). Nous avons par ailleurs, en vain, recherché les héritiers ou éditeurs de certains auteurs. Leurs œuvres ne sont pas tombées dans le domaine public. Un compte leur est ouvert à nos éditions.